LE CERCLE

OU

LA SOIRÉE A LA MODE

COMÉDIE ÉPISODIQUE EN UN ACTE

ET EN PROSE

PAR

POINSINET

Nouvelle édition, conforme au manuscrit original

PRÉCÉDÉE D'UNE ÉTUDE

PAR

AUGUSTE VITU

PARIS

PAUL OLLENDORFF, ÉDITEUR

28 *bis*, RUE DE RICHELIEU, 28 *bis*

1887

LE CERCLE

OU

LA SOIRÉE A LA MODE

COMÉDIE ÉPISODIQUE EN UN ACTE

ET EN PROSE

Représentée pour la première fois, par les Comédiens français ordinaires du Roi
le 7 Septembre 1764,

REPRISE, EN MATINÉE, A LA COMÉDIE-FRANÇAISE

Le Dimanche 6 Février 1887.

IL A ÉTÉ TIRÉ A PART

Quinze exemplaires de luxe numérotés à la presse

5 sur papier du Japon (N° 1 à 5).
10 sur papier vergé de Hollande (N° 6 à 15).

LE CERCLE

OU

LA SOIRÉE A LA MODE

COMÉDIE ÉPISODIQUE EN UN ACTE

ET EN PROSE

PAR

POINSINET

Nouvelle édition, conforme au manuscrit original

PRÉCÉDÉE D'UNE ÉTUDE

PAR

AUGUSTE VITU

PARIS

PAUL OLLENDORFF, ÉDITEUR

28 *bis*, RUE DE RICHELIEU, 28 *bis*

1887

POINSINET

SA VIE ET SES ŒUVRES

I

Pauvre petit Poinsinet! Malheureuse victime d'une coterie de mauvais plaisants, qui inventèrent pour toi (à ce qu'on assure, je n'en crois rien) les mots de mystification, de mystificateur et de mystifié [1]! On n'a pas idée

1. On considère le premier, il faudrait dire le second exemple authentiquement daté de cette série de mots, comme étant fourni par la lettre de Grimm du 15 septembre 1764, où il est question de Poinsinet : « Ses amis appelaient cela mystifier un homme, et lui donnèrent le surnom de mystifié, terme qui n'est pas français, qui n'a point de sens, et qui, inventé et employé par certaines gens, ne mériterait pas d'être remarqué, si M. d'Eon ne l'avait employé en dernier lieu dans sa fameuse et étrange apologie. »

On doit se méfier de ces dates fixes, attribuées à des mots qui généralement remontent beaucoup plus haut que leur premier emploi littéraire, Un exemple curieux. Victor Hugo se flattait, dans *les Misérables* (t. VII, p. 37) d'avoir introduit dans la langue littéraire le mot *gamin*, qu'il imprima dans *Claude Gueux* en 1834. « Le scandale fut grand », ajoute l'illustre poète. Mais son imagination l'avait trompé. Quatre ans auparavant, les mots *gamin* et *gaminerie* avaient été employés et répétés jusqu'à l'abus dans une pièce de MM. Carmouche, de Courcy et Dupeuty, représentée le 12 mars 1830 sur le théâtre de la Porte-Saint-Martin; et le piquant, c'est que la pièce en question n'était autre que *Ni-Ni*, une d'une pareille déveine; venir au monde avec la taille d'un page qui ne grandira pas, et s'appeler d'un nom de famille fait comme un diminutif. Poinsinet! quelque chose de menu, de délié, de chétif et de microscopique. On n'aurait pas mieux inventé pour dénommer un nain favori, un petit bouffon de cour. Cette impression purement physique est inséparable du nom de Poinsinet, qu'elle accompagne comme une clochette ironique le long de sa course vers la postérité.

D'un nain qui saute
C'est le galop.

Le petit Poinsinet! Était-il vraiment si petit? Était-il vraiment si vain et si sot? Était-il vraiment si crédule? Les contemporains, Grimm, Bachaumont et cent autres le disent, et, encore qu'on puisse soupçonner qu'ils exagèrent, ce serait un préjugé excessif, en sens inverse, que ne les en pas croire sur parole, du moins pour quelque chose. Seulement, l'auteur des *Mystifications du sieur P...*[1], publiées trois ans après la mort de notre

amusante parodie du propre *Hernani* de Victor Hugo. Ne l'avait-il donc ni vue ni lue? Rien ne prouve d'ailleurs que ces mots aient paru pour la première fois dans *Ni-Ni*. Le hasard des lectures les fera sans doute retrouver dans quelque ouvrage antérieur.

De même pour le verbe *mystifier* et le participe *mystifié*, créés ou remis en circulation par quelque latiniste; car ils reproduisent purement et simplement, n'en déplaise à Littré, les mots latins *mœstificare* et *mœstifcatus*, au sens d'attristé, de confondu, qui se lie à celui d'humilié et de mortifié. « Facies umbris mœstificata larvalibus » écrivait Sidoine Apollinaire (ép. 3, 13); « Insuetis lædor mœstificata modis » dit le proconsul Capella: et nous trouvons enfin dans saint Augustin: « Si paupertas angit, si luctus mœstificat » (Ep. 121). On pourrait proposer une autre étymologie: *myste* en vieux français signifie initié aux mystères; *mystifier* ce serait initier aux mystères, ce qui convient parfaitement aux épreuves que les mystificateurs faisaient subir à leurs victimes; le sens de cette étymologie serait excellent, mais elle demeure purement conjecturale et ne saurait prévaloir contre le verbe latin *mœstificare*.

On trouve le verbe *mystigorfier* dans *le Moyen de parvenir*, mais c'est évidemment un mot fabriqué par Béroalde de Verville, qui l'emploie non pas pour berner, ni railler, mais au contraire pour célébrer, admirer: « Se faire *mystigorfier* comme petits démons sur le plat d'une pelle. »

1. T. II, pp. 107 à 288 du *Supplément au roman comique ou Mé-*

héros, ne saurait prétendre à la confiance entière du lecteur. D'abord Poinsinet était mort, et à dauber sur lui on ne courait plus de risque, même d'un démenti; ensuite la plupart des bourdes incroyables qu'on lui fait avaler sont aussi énormes que les mystifications infligées à don Quichotte et à Sancho Pansa par le duc et la duchesse, y compris les maléfices des enchanteurs et les effets magiques de l'invisibilité; enfin, il tombe sous le sens que, se proposant d'écrire l'histoire des mystifications de Poinsinet pour remplir le deuxième volume de ses mémoires, si prolixes sur les chapitres, plus ennuyeux encore que scandaleux, de ses bonnes fortunes, et si pauvres en faits intéressants, Jean Monnet, mettant en pratique le dicton populaire « tout fait ventre », a grossi le dossier de Poinsinet de tous les contes d'attrape-nigaud qu'il a pu recueillir. Il lui eût été facile cependant de nous faire connaître un Poinsinet moins fantasmagorique, le Poinsinet réel et de tous les jours, puisque ce fut sous sa seconde direction de l'Opéra-Comique à la Foire Saint-Laurent et à la Foire Saint-Germain, de 1752 à 1757, que Poinsinet débuta comme auteur dramatique. On ne saurait même alléguer qu'il n'y aurait pas réussi, puisqu'il fut choisi, et ce ne pouvait être que par Monnet lui-même, pour composer le compliment de clôture, qui, sous le titre de *l'Heureux Accord*, acheva la saison de la foire Saint-Germain, le 6 avril 1754. Dès lors, si Jean Monnet ne prononce pas le nom de Poinsinet dans ses mémoires de directeur, c'est qu'il y met de la mauvaise volonté, ou qu'il avait pour le taire des raisons cachées qui nous échappent. Ce silence calculé n'ajoute pas à l'autorité de son opuscule des *Mystifications*.

L'examen critique que ni Monnet, ni personne avant ou après lui, n'a fait ni voulu faire, je vais l'essayer pour la première fois. Je me garderai bien de tenter une réac-

moires pour servir à la vie de Jean Monnet, ci-devant directeur de l'Opéra-Comique à Paris, de l'Opéra de Lyon et d'une comédie française à Londres, écrits par lui-même. — Londres 1772, in-8°.

tion paradoxale contre la légende. Je n'entreprends pas une réhabilitation, encore moins une apothéose. Je veux seulement mettre sous les yeux des lecteurs une notice rigoureusement exacte, dont les éléments suffiront à faire apparaitre un Poinsinet plus vrai, plus vraisemblable aussi, et par conséquent plus intéressant que celui des *Mystifications*.

*
* *

La famille Poinsinet est connue, dès les premières années du XVIIIe siècle, comme attachée au service domestique des ducs d'Orléans, neveux de Louis XIV. Le père de notre poète est ainsi blasonné à l'*État de la France* pour 1718: « PIERRE DE POINSINET, huissier du cabinet ordinaire, 500 livres. » Je le retrouve ensuite en 1727 avec la même qualité auprès du duc Louis, fils du régent : « PIERRE POINSINET, qui étoit ordinaire de feu Mgr le duc d'Orléans. » Une série d'actes authentiques lui donnent en plus les qualités successives de premier valet de garde-robe, d'écuyer, premier valet de chambre et huissier ordinaire du cabinet de Mgr le duc d'Orléans. Il épousa, le 8 février 1718, Magdeleine Chapard (fille mineure de Jacques Chapard, ancien premier valet de garde-robe du duc d'Orléans, et de Françoise Lucas), laquelle, une fois mariée, entra comme femme de chambre dans le service du jeune roi Louis XV, alors âgé de huit ans.

De ce mariage naquirent six enfants; je ne sais rien des cinq aînés; Jal se borne à constater les dates de leur naissance, comprises entre le 14 novembre 1719 et le 27 juin 1730. Le sixième, né à Fontainebleau le 17 novembre 1735, reçut au baptême les noms d'Antoine-Alexandre-Henry. C'est notre Poinsinet, qu'on désigne toujours sous le nom de Poinsinet le jeune. Il s'agissait moins de le distinguer de ses aînés, qui n'ont laissé aucune trace, que d'un sien cousin, Louis Poinsinet de

Sivry, dit Poinsinet l'aîné, qui suivit comme Antoine-Alexandre-Henry la carrière du théâtre et des lettres, auxquels vinrent se joindre plus tard la curiosité et la numismatique. Né en 1733 à Versailles, où il mourut en 1804, Poinsinet de Sivry était probablement, je n'en ai pas la preuve, le fils de François Poinsinet, né en 1710, fils posthume de Bon Poinsinet, valet de chambre du duc d'Orléans, et de Marie-Anne de Pons. Bon Poinsinet était le frère aîné de Pierre, et tous deux étaient fils d'un Claude Poinsinet, mari de Magdeleine Lemaire. Ici s'arrête leur arbre généalogique.

On voit que Louis Poinsinet dit l'aîné était le petit cousin d'Antoine-Alexandre-Henry Poinsinet le jeune, avec un degré de plus à partir de l'ancêtre commun; ce qui aurait fait de Poinsinet le jeune l'oncle à la mode de Bretagne de Poinsinet l'aîné, si l'âge ne s'y fût opposé; l'arrière-petit-fils de Claude se trouvant plus âgé de deux ans que le dernier de ses petits-fils.

Je ne sais rien des premières années de notre Poinsinet, sinon qu'elles furent bientôt envahies par l'amour passionné des lettres. Tel on se figure Damis de *la Métromanie*, et l'on rencontre dans la vie de Poinsinet plus d'un trait de ressemblance avec M. de l'Empyrée. A l'âge de dix-huit ans il débutait comme auteur dramatique par une parodie de *Titon et l'Aurore*, opéra de l'abbé de La Marre, musique de Mondonville, qui venait d'avoir beaucoup de succès à l'Académie royale de musique le 9 janvier 1753. La parodie, intitulée *Totinet*, fut représentée le 23 février suivant à l'Opéra-Comique, sur le théâtre de la Foire, et n'y rencontra pas un mauvais accueil. Poinsinet avait pour collaborateur de ce premier essai le jeune Portelance, qui, son aîné d'à peine deux ou trois ans, — cet âge est sans pitié — avait déjà fait représenter une tragédie d'*Antipater* à la Comédie-française (25 novembre 1751).

Dès lors la veine de Poinsinet ne se ralentit pas. On en jugera par la liste suivante de ses ouvrages, que je tiens à placer, aussi complète que possible, sous les yeux de mes lecteurs, juges impartiaux de ce petit procès littéraire.

THÉATRE DE LA FOIRE (OPÉRA-COMIQUE)

1. *Totinet*, parodie en 1 acte, en société avec Portelance. 23 février 1753. (Vve Delormel, 1753.)

2. *L'Heureux Accord*, compliment de clôture de la Foire Saint-Germain, le 6 avril 1754.

3. *Les Fra-Maçonnes*, parodie de l'acte des *Amazones* dans l'opéra des *Fêtes de l'Amour et de l'Hymen*, un acte en vaudevilles. 28 août 1754. (Duchesne, 1754.)

4. *Le Faux Dervis*, imité d'un conte de La Fontaine, *l'Hermite ou le faiseur de Pape;* opéra-comique, 1 acte, prose et vaudevilles. 15 septembre 1757. (Duchesne, 1757.)

5. *Gilles garçon peintre z'amoureux-t-et rival*, parodie en 1 acte, prose et vaudevilles, du *Peintre amoureux de son modèle*, opéra-comique d'Anseaume et de Duni. 2 mars 1758. Foire Saint-Germain. « Le public », dit un recueil du temps (*les Spectacles de Paris*, 1759), « a été si singulièrement affecté du plaisir que lui a fait la musique de cette parodie qu'il n'a presque pas fait attention aux paroles. Les gens de l'art n'ont eu qu'un cri général d'admiration sur le grand fonds d'harmonie, le brillant des ariettes et la singulière hardiesse dans les traits de cette musique. » Le compositeur loué avec tant de chaleur était Jean-Benjamin de La Borde, premier valet de chambre de Louis XV, auteur de l'*Essai sur la musique ancienne et moderne*. La pièce ne laissait pas que d'être amusante par elle-même. L'acteur Bouret jouait très bien le rôle de Gilles, et, nouveau Pygmalion, avouait sa flamme à un mannequin d'une façon fort plaisante.

6. *L'Écosseuse*, parodie de *l'Écossaise* de Voltaire, en société avec Anseaume et le peintre Davenne, 1760. (Cuissart, 1761, in-12.)

COMÉDIE ITALIENNE

7. *Le Petit Philosophe*, parodie des *Philosophes*. (Prault, 1760, in-12.)

8. *Sancho Panza dans son isle*, opéra bouffon en un acte en

prose, musique de Philidor. 8 juillet 1762. (Christophe Ballard, 1762.)

9. *La Bagarre,* opéra-comique en un acte en prose, musique du compositeur belge Vanmalder. 10 février 1763.

10. *Apelle et Campaspe,* comédie héroïque en 2 actes en vers, mêlée d'ariettes. Même année.

11. *Le Sorcier,* comédie en 2 actes en prose, mêlée d'ariettes, musique de Philidor. 2 janvier 1764. (Vve Duchesne, 1768.) La pièce et la musique allèrent aux nues; le public, dans son enthousiasme, demanda les auteurs à grands cris; ils furent ainsi les premiers à obtenir sur la scène italienne le même honneur qu'avait reçu Voltaire sur la scène française après la première représentation de *Mérope.* Ce triomphe dérange un peu les idées généralement reçues sur la carrière dramatique de Poinsinet; il ne fut cependant pas l'effet d'un caprice, car l'opéra-comique de Poinsinet et de Philidor, réduit en un acte, a reparu, il n'y a pas encore vingt ans, sur le théâtre des *Fantaisies Parisiennes,* dirigé par M. Martinet, et a tenu l'affiche plusieurs mois de suite. Il était chanté par MM. Gérard et Barnolt, Mmes Decroix et Benelli.

12. *Tom Jones,* comédie en trois actes en prose, mêlée d'ariettes, musique de Philidor. 27 février 1765. Ni la pièce ni la musique ne réussirent d'abord selon leur mérite. « *Tom Jones* », dit le Dictionnaire lyrique de Clément, « n'est assurément pas une mauvaise pièce; il y a de la variété dans les situations, de la passion vraie, de l'entrain et de la gaîté. L'air de chasse de Western, *D'un cerf dix cors j'ai connoissance,* est traité avec habileté et esprit; il est d'un entrain incroyable, et accompagné avec un art consommé; l'air de chasse du *Pardon de Ploërmel* est lamentable en comparaison de celui-là. »

13. *La Réconciliation villageoise,* comédie lyrique en 1 acte en prose, musique de Tarade. 15 juillet 1765. (Vve Duchesne, 1765.) Bachaumont prétend, avec peu de vraisemblance, que Poinsinet ne fut pour cette petite pièce que le prête-nom de l'avocat-général Séguier.

COMÉDIE FRANÇAISE

14. *L'Impatient.* comédie en un acte en vers. 9 juillet 1757 (non imprimée).

15. *Le Cercle ou la Soirée à la mode,* comédie épisodique

en un acte en prose. 7 septembre 1764. (Duchesne, 1764.)
Je parlerai plus loin de ces deux comédies.

OPÉRA

16. *Théonis ou le Toucher,* pastorale héroïque en un acte, musique de Berton et de Trial, directeurs de l'Opéra. 13 octobre 1767. « Cet acte, agréablement écrit », disent *les Spectacles* de 1768, « dont la musique est vive, brillante du coloris le plus frais et du meilleur genre, a paru un des plus jolis qui aient été donnés depuis *le Devin du village.* »

17. *Ernelinde princesse de Norwège,* tragédie lyrique en trois actes, musique de Philidor. 24 novembre 1767. Elle fut reprise le 24 janvier 1769 sous le titre de *Sandomir prince de Danemark,* et parut une troisième fois, avec son titre primitif, arrangée en quatre actes par Sedaine, le 1er juillet 1777. Le sujet en était imité d'un livret italien *Recimero,* mis en musique par Pergolèse et Jomelli. Le sujet d'*Ernelinde* est la réunion des trois couronnes du Nord. Les créateurs d'*Ernelinde* furent Legros, Gélin, Larrivée et Mme Larrivée. Le ballet était dansé par Vestris, Gardel et la Guimard.

ŒUVRES DIVERSES

18. *Lettre à un homme du vieux temps sur l'Orphelin de la Chine,* 1755.

19. *L'Inoculation,* poème. 1756, in-8o.

20. *Épitre à M. Keiser.* 1757.

21. *Épitre au comte de la Tour d'Auvergne.* 1758.

22. *Épitre à M. Colardeau sur son poème du Patriotisme.* 1762.

23. *Épitre à Madame Denis.* 1764.

24. *Épitre à Mademoiselle Corneille.* 1764.

25. *Épitre familière à une jeune dame,* qui lui avait fait présent d'une robe de chambre. (Bachaumont, 14 octobre 1764.)

26. *Divertissement exécuté à Trianon,* le 28 octobre 1764, pour l'amusement de nos seigneurs les enfants de France (duc de Berry, comte de Provence, comte d'Artois). Les interlocuteurs sont des personnages moraux, dans le goût des fables de La Motte : dame Mémoire, dame Imagination, etc. (*Gazette de France,* du 7 décembre 1764.)

27. *Cassandre aubergiste*, parodie du *Fils de Famille*. Pour un théâtre de société. Londres (Paris), 1765, in-8°.

28. *Le Choix des Dieux ou les Fêtes de Bourgogne*, divertissement en un acte, prose et vaudevilles, composé et représenté à Dijon pour S. A. S. Mgr le prince de Condé. 1766. (Vve Duchesne, 1766.)

29. *L'Ogre malade*, parade, pour la fête donnée par le chevalier d'Arcq à la comtesse de Langeac, autrement dite madame Sabattin, maîtresse du comte de Saint-Florentin, ministre de la maison du Roi. 3 août 1767. L'Opéra, l'Opéra-Comique et Audinot donnèrent à cette fête le concours de leurs talents. La parade de Poinsinet fut jouée par trois sociétaires de la Comédie Française, M. et Mme Bellecourt et Auger.

30. *Gabrielle d'Estrées à Henry IV*, héroïde. 1767, in-8°.

31. *Divertissement à Chantilly*, le 8 septembre 1767. Couplets chantés par l'Amour, représenté par un nain qui sortait d'un ananas; en voici quelques vers :

Sous différents traits tour à tour
J'ai paru pour vous plaire ;
Mais à vos regards en ce jour
Je m'offre sans mystère.
Reconnaissez en moi l'Amour
Qui cherche ici sa mère.

Mais dans mon cœur, en ce moment,
Je sens un trouble naitre :
Ici chaque objet est charmant.
Ah ! que le tour est traître !
Maman ! maman ! maman ! maman !
Comment vous reconnaître ?

Je ne sache pas que Favart ni Voisenon aient rimé des vers d'un tour plus aisé ni plus ingénieux.

32. *Alix et Alexis*, com. en 2 actes en prose, mêlée d'ariettes, musique de M. de La Borde. Jouée en société en 1767. (Ballard, 1769, in-8°.)

33. *Vers*, qui n'ont pas été conservés, contre le chevalier de Clermont-Tonnerre. (Bachaumont, 12 décembre 1767.)

34. *Lettre en vers contre Marmontel*, sur son épître à mademoiselle Guimard « la belle damnée, » qu'il louait d'avoir distribué aux pauvres deux mille écus, prix de ses complaisances envers un homme d'église. Bachaumont, arbitre peu suspect, avoue que « cette facétie a été jugée par bien des gens

« plus légère que celle de M. Marmontel. » (17 mars 1768.)

35. *Mémoire de M. Poinsinet,* défendeur, contre la demoiselle Le Blanc de Crouzol, dite Duprat. (21 avril 1768.)

36. *Cantique de saint Roch* (publié dans les *Contes théologiques.* 1783, in-8°).

(Les *Mémoires secrets,* sous la date du 26 septembre 1767, attribuent à Poinsinet une lettre responsive à une célèbre impure, mademoiselle Le Clerc, qui demeurait dans la même maison que lui, lettre où les acteurs de la Comédie Française étaient l'objet d'appréciations fort judicieuses. Mais Poinsinet l'a formellement désavouée. (Voir le *Mercure,* janvier 1768.)

Ce bagage, plus volumineux que lourd, qui va de la Foire à l'Opéra, en passant par la Comédie italienne et la Comédie française, n'est pas de ceux qui ouvrent à leur possesseur les portes de cette grande auberge, d'ailleurs fort mêlée, qui s'appelle la Postérité. Cependant son inventaire témoigne d'une suite et d'une ardeur au travail assez remarquables pour un homme qui mourut avant d'avoir accompli sa trente-cinquième année.

Je ne sais si je me trompe, mais je pressens qu'à la seule inspection du petit travail bibliographique que je viens d'esquisser, ayant fait tous mes efforts pour le rendre complet sans m'assurer d'y avoir réussi, les idées préconçues du lecteur sur l'auteur du *Cercle* et d'*Ernelinde* ont dû subir quelque modification, pour ne pas dire une évolution complète. Avoir été le collaborateur ordinaire ou préféré de compositeurs tels que La Borde et Van Malden, de Berton, de Trial, et surtout de Philidor, un des maîtres de l'ancienne école française, c'est une distinction qui s'accorde mal avec les imputations de légèreté, de sottise, de crédulité niaise, d'impuissance littéraire, comme aussi d'inconduite et de désordre, sous lesquelles on a pour ainsi dire enseveli la mémoire du pauvre Poinsinet.

Grimm désigne comme auteurs principaux de cette conspiration, disons mieux, de cette persécution, qui s'en prit plus d'une fois à la délicatesse morale et à l'honneur de la victime, Palissot, Fréron, les comédiens Préville et Bellecourt. Pour Palissot, cela ne fait pas l'ombre d'un doute; je fais mes réserves pour Fréron, qui rendit souvent justice aux talents de Poinsinet, et aussi pour les deux comédiens, qui figurèrent parmi les interprètes les plus applaudis du *Cercle*. A la suite d'un tour plus dangereux que les autres, en ce temps de lettres de cachet et de bannissements arbitraires où l'on pouvait perdre un homme en lui attribuant perfidement de mauvais vers, comme l'atteste l'illustre exemple de Jean-Baptiste Rousseau, Poinsinet rompit toute liaison avec ces méchantes gens. Il partit pour l'Italie, où l'appelait son goût décidé pour les arts. Au retour, il s'arrangea de manière à passer par Ferney, où Voltaire lui fit l'insigne honneur de le recevoir. Cette visite a laissé sa trace dans la correspondance du grand homme, qui écrivait le 15 juin 1761 à Damilaville : « J'ai eu aujourd'hui à dîner M. Poinsinet, revenant d'Italie. *Fratres*, qui est ce M. Poinsinet? Il m'a « récité d'assez passables vers. » Le compliment est succinct, mais il a son prix : c'est le prix du silence. Voltaire ignore ou feint d'ignorer Poinsinet, qui ne se vanta peut-être pas à Ferney de sa parodie de *l'Écossaise*. Mais enfin, Voltaire le juge passable comme poète, et s'en tait comme homme. Poinsinet n'est donc pas un ridicule achevé, et il peut tenir honnêtement sa place à la table et au salon de l'homme de génie. Il paya la dette de l'hospitalité par deux épîtres en vers, l'une pour Mme Denis, l'autre pour Mlle Corneille, que Voltaire avait recueillie auprès de lui.

En lisant avec quelque attention le fatras des mystificateurs, on y discerne un petit nombre d'informations biographiques, qu'ils auraient mauvaise grâce à contester, puisque nous les tenons de leur libre aveu.

Elles se réduisent d'ailleurs à ceci, que Poinsinet, célibataire majeur, fit toujours ménage commun avec son père et sa mère, et qu'il acceptait les obligations de décence extérieure et de régularité que lui imposait cette vie de famille. Nous savons aussi qu'à une époque que Monnet n'indique pas, mais que je crois pouvoir fixer, il recueillit un modeste héritage.

Ce fut probablement celui de son père ou de sa mère, car, à partir de 1763, il touchait à la trentaine, nous le voyons investi de charges honorables dans la maison d'Orléans, que ses parents avait si longtemps servie dans des emplois subalternes. L'Almanach royal de 1763 inscrit parmi les « agents des affaires » de Mgr le duc d'Orléans : « M. Poinsinet, pour les charges et expéditions du sceau. » Je n'imagine pas que ce fût un don gracieux; car le nom de Poinsinet se substitue à celui de M. Loyseau de Berenger, avocat au Parlement, dont il a évidemment acheté l'office. Si les choses ne s'étaient pas ainsi passées, conformément aux usages du temps, on ne comprendrait pas que le duc d'Orléans eût laissé se morfondre jusqu'à l'âge de trente ans le fils de son vieux valet de chambre pour lui donner une place dans ses bureaux. A cette même date, Poinsinet habitait encore le Palais-Royal, où ses parents s'étaient mariés. En 1765, il a déménagé; rien de plus naturel, le privilège du logement, qui leur appartenait, ayant disparu avec eux, et ne s'étendant pas aux « agents des affaires », tous domiciliés en ville. De 1765 à 1767, il demeure rue Saint-Thomas-du-Louvre, à deux pas du Palais-Royal, puis en 1767, rue et vis-à-vis la croix des Petits-Champs, c'est-à-dire à peu près au coin de la rue Montesquieu actuelle, dans une des maisons appartenant au chapitre de Saint-Honoré. Ce fut son dernier domicile. Il est monté en grade, car, aux fonctions d'agent pour les charges et expéditions du sceau, il joint celle de « premier commis des secrétaires des commandements », qui étaient M. de Tilière, contrôleur général des finances de la maison d'Orléans, et M. de Belle-Isle. Dans l'ancienne hiérarchie administrative, le titre de premier commis équivalait à celui de secrétaire général ou de directeur général, dans la terminologie moderne.

On verra par l'épître dédicatoire du *Cercle* adressée à M. Papillon de La Ferté, intendant des Menus[1], que Poinsinet, bien vu par le tout-puissant ministre comte de Saint-Florentin, aspirait à servir sous ses ordres et à devenir son collaborateur pour les plaisirs du roi. Il semble que cette ambition n'ait pas été découragée, puisqu'au mois d'octobre 1764, quelques jours après la première représentation du *Cercle* à la cour, devant le roi Louis XV et la reine Marie Leczinska, nous voyons Poinsinet officiellement chargé de composer un divertissement pour les Enfants de France, lequel, exécuté à Trianon, eut l'heur de divertir le futur Louis XVI, le futur Louis XVIII et le futur Charles X. Bachaumont qui n'était pas là — *indè iræ* — prétend que cela devait être froid; il ne lui fallut pas attendre longtemps pour avouer son erreur. La première représentation de *Tom Jones* aux Italiens avait été orageuse; le personnage du quaker Dowling, qui gardait tout le temps son chapeau sur la tête, choqua le *decorum* du parterre, et provoqua ses huées. Mais à la seconde représentation, le 1er mars 1765, les choses changèrent de face; la pièce alla aux nues, on demanda les auteurs et ils reçurent de grands applaudissements. Poinsinet put s'écrier avec plus d'esprit que de modestie qu'il allait « faire lever *le Siège de Calais*, » célèbre tragédie de M. de Belloy, représentée à la Comédie-Française le 13 février, quelques jours avant *Tom Jones*.

Que penser de ce revirement? Que la Comédie Italienne en a appelé du public prévenu au public apaisé, que les

1. Cette épître valut à M. de La Ferté les aménités ordinaires que les gens de lettres tenaient en réserve pour ceux dont ils n'obtenaient pas les faveurs. On en jugera par l'épigramme suivante, transcrite par Collé dans son journal avec une sorte de joie que je soupçonne paternelle :

On s'étonne et même on s'irrite
De voir encenser un butor;
N'a-t-on pas vu l'Israélite
Jadis adorer le veau d'or?
Un auteur peut, sans être cruche,
Emmécéner un La Ferté;
C'est un sculpteur qui d'une bûche
Sait faire une divinité.

grandes beautés que renferme la partition de Philidor ont fait accepter par les Parisiens les singularités qui leur avaient déplu tout d'abord dans cette histoire anglaise? Non : il est convenu, arrêté, décrété, en ce temps d'animosités et de violences littéraires, où la critique ne procédait que par injures atroces ou par louanges aveugles, qu'un ouvrage de Poinsinet ne pouvait pas réussir par soi-même : « Les Enfants de France », dit Bachaumont, « pour qui Poinsinet a fait un divertissement *assez mau-* « *vais*, ayant vu sa disgrâce au Théâtre-Italien, en ont été « si touchés que les gentilshommes de la Chambre, pour « faire leur cour » (à trois enfants dont l'aîné avait précisément dix ans) « ont exigé des comédiens de jouer *Tom* « *Jones* une seconde fois. On a distribué beaucoup de « billets *gratis*, et, par une révolution *assez extraordi-* « *naire* (en effet!) cette pièce, huée, bafouée la veille, « hier est montée aux nues. »

Acceptons l'intervention des trois bambins qui s'appelaient alors les Enfants de France; elle prouve à tout le moins que Poinsinet s'était avantageusement poussé dans le monde et à la cour. Bientôt le prince de Condé va faire usage de ses talents, et l'été de 1767 nous le montre installé au château de Chantilly, où il dirige les spectacles et les divertissements du prince.

L'hiver venu, Poinsinet faisait représenter à l'Opéra deux ouvrages importants, la pastorale héroïque de *Théonis* dont la musique est composée par Berton, directeur et chef d'orchestre de l'Opéra, et par son associé Trial, et la tragédie lyrique d'*Ernelinde*, musique de Philidor. Cette continuité de succès et de travaux, honorablement rétribués, s'associe malaisément à l'indigence et à l'inconduite; mais elle explique les redoublements de la jalousie et de la haine. On ne s'en tient plus aux dénonciations rageuses et aux épigrammes ordurières de Palissot; une nuit de bal, le 5 février 1768, Poinsinet, qui n'était cependant pas l'ennemi des dames ni disgracié par elles, est battu, mais ce qui s'appelle roué de coups de poings, mignons je le veux croire, par la Guimard et le quadrille de ses compagnes : c'était, disaient-elles, la revanche d'*Ernelinde*.

Enfin, on en arrive aux tentatives extrêmes. Il ne s'agit de rien moins que de déshonorer l'homme qu'on n'a pu tuer par le ridicule. Susciter une méchante affaire, était une méthode connue avant que Bazile ne la recommandât au docteur Bartholo. Une choriste de l'Opéra, la demoiselle Le Blanc de Crouzol, dite Duprat, accuse Poinsinet de lui avoir escroqué douze louis qu'elle lui aurait confiés, il y a neuf ans de cela, pour retirer une montre engagée chez des usuriers. La demoiselle produit un mémoire, qu'on attribue à l'avocat Coqueley de Chaussepierre, et qui ne satisfait qu'à demi la malignité des gens de lettres. Poinsinet y répond, sous le contre-seing de l'avocat Blanc de Verneuil ; Bachaumont avoue que le mémoire de Poinsinet est plein de bon sens, de sagesse et de modestie, et conclut que par conséquent il n'est pas de lui. La demoiselle réplique ; le roi lui-même prend connaissance des débats, et y trouve quelque distraction aux ennuis de sa majesté. Enfin, la cour compétente prononce son arrêt le 4 juin 1768 ; Poinsinet gagne sa cause en plein ; ses lettres de rescision sont entérinées, la demoiselle Duprat est condamnée aux dépens, dommages et intérêts, son mémoire supprimé, et elle-même chassée de l'Opéra par ordre du ministre.

Ainsi Poinsinet, se défendant avec une énergie tranquille, que ne déconcertaient ni les embûches perfides ni les attaques à ciel ouvert, semblait défier ses ennemis. Sa situation littéraire grandissait et devait, avec les émoluments de sa double charge chez le duc d'Orléans, lui assurer une honnête aisance, lorsque des motifs, encore mal définis, le déterminèrent à faire un voyage en Espagne, dans les premiers jours de l'année 1769.

Plusieurs biographes sérieux racontent qu'il partit avec la qualité d'intendant des Menus-Plaisirs, mais suivant Grimm, non pas au service du roi Louis XV, mais au service de Sa Majesté Catholique. Ma conjecture personnelle c'est que, conformément au désir que nous lui connaissions, il avait obtenu, par la protection de M. de La Borde, une sorte de mission littéraire et artistique pour la maison du roi. Une baignade imprudente dans le Guadalquivir, au cœur de l'été, lui coûta la vie. Le roi Louis XV, averti le premier de cet accident, se réserva le soin d'en informer lui-même M. de La Borde, dont il connaissait le tendre attachement pour Poinsinet. Cette marque de sensibilité, cette prévenance auguste s'adressaient certainement à la personne du premier valet de chambre, mais il me semble qu'elle impliquait une certaine preuve d'estime pour son malheureux ami.

D'ailleurs ceci n'explique-t-il pas beaucoup de choses? et comment la férocité des haines littéraires ne se serait-elle pas exaspérée devant le seul soupçon des faveurs royales se dessinant après les faveurs princières?

Le journal de Bachaumont, toujours dénigrant et injurieux pour les célébrités, grandes ou petites, annonce, sous la date du 16 avril 1769, que « le sieur Poinsinet, « jaloux d'étendre de plus en plus sa réputation, et trou- « vant, comme Alexandre, le monde encore trop petit « pour son individu, est allé en Espagne, à la tête ou à la « suite d'une troupe de comédiens, pour laquelle il doit « composer des opéras-comiques. On attend avec impa- « tience les nouvelles de son début et de ses succès. » Trois mois après, Poinsinet était mort. Laissons encore la parole à l'impitoyable Bachaumont : « Le sieur Poin- « sinet, appelé, par dérision, depuis son voyage d'Espagne « *don Antonio Poinsinetto*, nouvelle dénomination qu'il « s'est donnée lui-même, croyant se décrasser par là, et « acquérir un vernis de noblesse catalane[1], après avoir

1. Encore un ridicule gratuitement prêté au jeune poète qui avait écrit dans *l'Impatient* ces quatre vers, aussi vrais aujourd'hui qu'ils le pouvaient être en 1754 :

On est noble, on le dit, partout on s'en fait gloire,
Et soi-même, souvent, on va jusqu'à le croire!
C'est le ton. Les caffés regorgent de marquis,
Et le marchand de Londre est mylord à Paris.

« déjà parcouru plusieurs villes de ce royaume avec sa « troupe de comédiens, et cherché à établir, en différents « endroits, des opéras comiques, sorte de spectacle fort à « la mode aujourd'hui chez toutes les nations, se regar- « dait déjà comme un conquérant littéraire, lorsque, par « un accident malheureux, il s'est enseveli lui et toute sa « gloire, dans le Guadalquivir, à Cordoue, capitale de « l'Andalousie, et il s'est noyé dans le fleuve [1].» C'est sous la date du 29 juillet que les *Mémoires secrets* annoncent cette catastrophe; mais elle remontait au 7 juin précédent. On ne comprend pas qu'il ait fallu sept semaines aux paroissiens de Mme Doublet pour s'en procurer la nouvelle. La mort même ne les désarma pas : « Cette ville » (Cordoue), dit encore Bachaumont, « célèbre par la naissance des « deux Sénèques, va le devenir encore plus par le trépas « de l'auteur dont nous parlons. Le défaut de fortune et « l'inconduite avaient forcé ce bouffon de la littérature à « s'expatrier. C'est un des personnages les plus singuliers « qu'on pût voir, qui, à beaucoup d'esprit et de saillies, « joignait une ignorance si crasse, une présomption si « aveugle, qu'on lui faisait croire tout ce qu'on voulait en « caressant sa vanité. » Je ne saurais engager une dispute rétrospective avec les contemporains de Poinsinet; j'avoue toutefois que je ne concilie pas « l'ignorance crasse » de Poinsinet avec la variété de ses productions littéraires, généralement élégantes, et qui sentent leur humaniste;

1. Le récit de Monnet diffère sensiblement de celui de Bachaumont et semble écarter la nécessité ou seulement l'idée d'une expatriation. Je le transcris ici, y compris l'épigramme suivante, qui fait songer au vibrion du docteur Rémonin, de *l'Étrangère* :

P.... partit pour l'Espagne au commencement de 1769 : il comptait travailler dans ce royaume à la propagande de la musique italienne et des ariettes françoises; mais, en voulant se baigner, il eut le malheur de se noyer dans le Guadalquivir. Sa mort, qui a été consignée dans presque tous les papiers publics, l'a surpris au milieu de beaucoup d'ouvrages qu'il avait commencés, et dont il menaçait depuis longtemps le public.

Ainsi tomba le pauvre Poinsinet :
Il fut dissous par un coup de sifflet.
Comme au matin une vapeur légère
S'évanouit aux premiers feux du jour,
Tel Poinsinet disparut sans retour.

(MONNET, *loc. cit.* t. II, p. 287.)

non plus que je ne concilie l'esprit qu'on lui reconnaît avec une crédulité peu différente de la bêtise.

Je n'ai rien à dire de son défaut de fortune, en l'absence de tout document; mais nul autre que Bachaumont ne l'a jamais accusé d'inconduite; tout au plus exagérait-on le nombre de ses bonnes fortunes, par dérision de son exiguïté physique et de la fatuité qu'on lui prêtait. Je ne connais qu'une effigie de Poinsinet, c'est un portrait-frontispice, de format in-douze, dessiné par le peintre Davenne, son collaborateur pour la parodie de *l'Écossaise*, et gravé avec beaucoup de soin par Voyez le jeune, postérieurement à la mort du poète. La physionomie de Poinsinet est agréable, régulière et d'une remarquable douceur. On comprend qu'il ait plu naturellement aux femmes et déplu d'autant aux envieux.

Ainsi, poursuivi jusqu'au delà du tombeau par les quolibets et par la calomnie, don Antonio Poinsinetto parut ridicule même en mourant, et ne traversa pas plus heureusement le fleuve de la vie que le courant du Guadalquivir. La mort de cet écrivain de trente-quatre ans égaya fort les compères et les commères de Mme Doublet, et le cénacle des Filles-Saint-Thomas s'écria, de ses vieilles voix sifflantes et chevrotantes :

......Ce n'est rien !
C'est un poète qui se noie.

II

POINSINET A LA COMÉDIE FRANÇAISE

Poinsinet atteignait sa vingtième année lorsqu'en 1754 il lut à la Comédie Française une comédie en un acte en vers intitulée *l'Impatient*. Le titre et le sujet avaient été abordés précédemment, en 1717 à la Comédie Italienne, et en 1724 par Boissy, en cinq actes, à la Comédie Française. La pièce de Poinsinet est supérieure à celle de Boissy à beaucoup d'égards ; elle a le mérite de la brièveté, mérite très appréciable lorsqu'il s'agit d'un travers tel que l'impatience, qui ne saurait se faire supporter longtemps sans devenir contagieux.

La petite comédie de Poinsinet, reçue en 1754, grâce au crédit du duc d'Orléans, à ce que prétend Collé, fut représentée le 9 juillet 1757 par les comédiens ordinaires du roi ; le nom de ceux qui l'interprétèrent n'a pas été conservé. Collé la jugeait très sévèrement. « Ce jeune homme », écrit-il dans son journal, « a de l'habitude de faire des vers, mais il n'a pas celle de penser ; tout son talent consiste à mettre assez bien, en vers, des idées cent fois rebattues. D'ailleurs, il ne sait ce que c'est que plan de pièce. Il ne connaît ni les hommes, ni le monde ; ses caractères n'ont pas le sens commun. » Que de gros mots à propos d'un débutant de vingt ans et d'une bagatelle ! *L'Impatient* n'est cependant pas si méprisable ; ce Damis, prêt à devenir sans obstacle l'heureux époux de Julie, et créant par son impatience mille incidents qui compromettent et retardent son bonheur, est un personnage de comédie, très vivant et très amusant, comme *l'Étourdi* de Molière, comme *l'Étourneau* de Léon Laya. Oserai-je l'avouer, je trouve justement, dans *l'Impatient*, la faculté d'observation précoce et fine que Collé lui dénie ; elle anime ces réflexions de Lisette adressées à sa maîtresse Julie :

Mais je vois chaque jour décliner notre empire,
Et les hommes, jadis tremblants à nos genoux,
En savent à présent tout aussi long que nous.
A force d'épuiser sur eux nos stratagèmes,
Nous leurs avons appris à nous tromper nous-mêmes.

Il y a de la verve comique et de la grâce dans les plaintes de la même Lisette, confidente des deux amants[1] :

1. *L'Impatient* n'a pas été imprimé, mais les archives de la Comédie Française en conservent le manuscrit original, chargé de corrections autographes.

Ah! c'est un vrai supplice,
Que de vivre sans cesse avec des amoureux!
On ne peut un moment être en paix avec eux.
Un regard les enchante, un geste les désole.
C'est un chat qu'on caresse, une mouche qui vole,
Que sais-je? Un mot, un rien met leur tête à l'envers.
Je suis lasse à la fin de souffrir vos travers.
Comment? un petit maître entouré de maîtresses,
Un financier, qui fait circuler ses richesses,
Un avare intendant, un riche procureur,
Un jeune aventurier qui tranche du seigneur,
Un héritier suivi d'huissiers et de notaires,
Sont moins embarrassez, ont cent fois moins d'affaires
Qu'une pauvre soubrette, à qui pour son malheur
Deux jeunes amoureux font part de leur ardeur.

Trois ans après *l'Impatient*, Poinsinet prit sa revanche avec *le Cercle ou la Soirée à la mode*, comédie en un acte en prose, qui réussit d'une manière éclatante le 7 septembre 1764, et qui demeure le meilleur titre de Poinsinet au souvenir des lettrés, comme aussi sa plus solide défense contre les traitements humiliants et les insultes barbares de ses contemporains.

La Comédie Française lui donna une preuve insigne d'estime et de confiance, en distribuant les rôles du *Cercle* à l'élite de la troupe : Molé, Préville, Bonneval, Auger, Mmes Préville et Dauberval, la joyeuse Bellecourt, dite Gogo, la séduisante Doligny, Mlles Hus [1] et d'Epinay.

1. *Le Cercle* ne fut pas moins accueilli à la cour qu'à la ville; il formait avec *l'Homme singulier*, de Destouches, le premier spectacle d'ouverture au palais de Fontainebleau le 4 octobre 1764. Cette représentation fut signalée par un épisode du genre gai, dont j'emprunte le récit au journal inédit de Papillon de La Ferté, grâce à l'obligeance de M. Ernest Boysse qui s'occupe de le publier :

Hier on a ouvert le théâtre par *l'Homme singulier* et *le Cercle*, dont on a été content, malgré un petit embarras qui m'a d'abord fort inquiété. La demoiselle Hus, ayant bu en chemin du vin rouge mêlé avec du blanc par erreur de son domestique est arrivée avec les sieurs Brizard et Molé complètement dans les vignes du Seigneur et prétendant que ceux-ci l'avaient empoisonnée. Ce n'est qu'à force de café que j'ai pu parvenir à la mettre en état de paroître sur le théâtre. J'avois prévenu le Roi et la Reine de ce petit incident. Cela les a divertis, d'autant que la peur et la présence du public lui ont remis assez bien la tete et qu'elle a joué fort gaiment.

Le Cercle appartient au genre dit épisodique, qui se propose moins d'exposer, de narrer et de conclure une intrigue comique, que de peindre une nuance spéciale des mœurs et des idées, et, en un mot, de faire poser devant le spectateur un groupe d'originaux, qui expliquent eux-mêmes l'état de leur esprit, leurs préjugés et leurs prétentions. Il existe d'excellents et même d'illustres échantillons de ce théâtre d'actualité, devenus de précieux documents pour l'histoire intime de la société française. *La Critique de l'École des femmes*, de Molière, *Zélinde*, de Donneau de Visé, *le Portrait du Peintre*, de Boursault, *l'Oublieux*, de Perrault, *l'Été des Coquettes*, de Dancourt, et vingt autres petites pièces laissent la parole à des personnages typiques, dont la ressemblance, d'autant plus criante que les traits en sont un peu grossis, selon l'optique du théâtre, amène sur les lèvres du spectateur les noms propres dissimulés par le poète sous des masques spirituellement transparents.

Le Cercle de Poinsinet nous introduit dans le salon d'une riche bourgeoise, madame Araminte, veuve d'un financier, « tour à tour coquette et sensible, hautaine et bizarre, le cœur vide, l'esprit oisif, successivement éprise de la musique et des petits chiens, des magots et des mathématiques ». Enfin, conclut la femme de chambre Lisette, à qui j'emprunte ce joli portrait « notre conduite est le résultat des sentiments de la société qui nous environne, et jeunes encore, aimables et riches, nous travaillons moins à jouir de la vie qu'à nous étourdir sur notre propre existence ».

Chose à retenir, il n'est pas un trait de cette esquisse, si légèrement crayonnée, qui accuse chez Araminte la préoccupation littéraire et les aspirations du bas-bleu. C'est pourquoi je ne reconnais pas en elle la célèbre comtesse Fanny de Beauharnais. Vainement, Bachaumont affirme-t-il d'un ton tranchant qu'Araminte est connue pour être madame la comtesse de Beauharnais, il ne me persuade pas. Marie-Jeanne-Françoise Mouchard, femme du comte de

Beauharnais, à peine âgée de vingt-six ans en 1764, était mère d'un petit garçon de huit ans, et n'avait pas de fille à marier, non plus qu'elle ne songeait à se remarier elle-même du vivant du comte son mari. Il ne subsiste donc entre la jeune comtesse et Araminte d'autre ressemblance que d'avoir un salon, et d'être, la première, fille d'un receveur général, la seconde, veuve d'un financier.

La petite cour d'Araminte a pour se divertir trois figures saisies sur le vif, le médecin, où l'on veut reconnaître le docteur Le Roy, l'un des docteurs régents de la Faculté de médecine de Paris; l'abbé musicien serait l'abbé de La Croix, enfin le poète, qui vient lire sa tragédie de *Cyrus*, est identifié à Du Rozoy, auteur de *Mes dix-neuf ans*, par cette réplique de Damon à Araminte (sc. VI). « *J'avois à peine mes dix-neuf ans que je faisois déjà parler mon cœur.* » L'allusion est assez transparente.

Une figure domine toutes les autres, grâce à la netteté du type et à la fermeté du dessin : celle du marquis, un jeune colonel, fat, impertinent, au cœur sec, à l'âme intéressée, coureur de dots plutôt que de bonnes fortunes, qui s'étudie adroitement à plaire aux coquettes désœuvrées, jusqu'à faire de la tapisserie et à broder des falbalas pour Ismène, des nœuds pour Chloé, des jarretières pour Lise. On prétend que Poinsinet moula son colonel sur un certain chevalier Colifichet, de Boissy; c'est possible, mais le chevalier Colifichet s'est dérobé jusqu'à présent à mes recherches. Ce dont on ne saurait douter, c'est que du *Cercle* de Poinsinet est sortie la légende des colonels de l'ancien régime qui ne savaient que parfiler et faire de la tapisserie. L'histoire de France est illustrée d'un nombre infini d'anecdotes de cette force, à l'usage des *snobs*.

Un des mérites du *Cercle*, sur lequel il faut prévenir le lecteur, c'est d'être écrit d'un style clair, aisé, dénué d'ornements ambitieux, tel que la bonne compagnie le parlait et le prisait en ce temps-là. Notre dix-neuvième siècle, saturé de lyrisme, ne goûte plus cette simplicité un peu nue, que les connaisseurs évitent seuls de confondre avec la platitude. A ceux qui s'en voudraient instruire, je conseillerais la lecture d'une pièce de Collé, *A femme avare galant escroc*, qui passait dans les dernières années du règne de Louis XV pour reproduire au naturel la langue du grand monde. En comparaison de cet archétype, authentique et contrôlé, Poinsinet passerait pour un fougueux coloriste. Avouons-le, les formes simples donnent bien du piquant, sous leur apparente ingénuité, aux saillies naturelles des personnages s'exprimant sans malice, dans la naïveté de leur cœur. Écoutez ce petit dialogue entre Ismène et Cidalise, abandonnées par Araminte qui vient de courir à la recherche de son serin envolé : « Prétends-tu t'enterrer ici jusqu'au souper? Si nous faisions un tour de boulevard? — Cela n'est guère décent que la nuit... »

Le Cercle représente-il fidèlement l'aspect d'un salon à la mode en 1764? Voilà la question capitale, qui, je crois, est pleinement résolue en faveur de Poinsinet. Je n'en prends pour juges que ses adversaires et ses ennemis. « Une précieuse moderne, » dit Bachaumont, « deux petites maîtresses subalternes, un poétereau aussi vilain que bas, un médecin à la mode et un abbé musicien composent ce joli groupe. Il n'y a ni intrigue, ni marche théâtrale, mais beaucoup de saillies et de personnages peints avec une grande vérité. » Tel est le premier aveu échappé tout d'abord au pamphlétaire; vainement s'efforce-t-il ensuite de le rattraper, en ajoutant : « Malgré son succès prodigieux, l'on sent que l'auteur n'a vu la bonne compagnie que de loin, il n'a pas cette touche fine et légère qui désigne l'homme du grand monde. » Bachaumont n'apercevait pas d'intrigue dans *le Cercle*; Collé, au contraire, se plaint qu'il y en ait une, et ses contradictions dépassent en hardiesse celles de Bachaumont. Il constate le succès : « Seize représentations et très complètes, » c'est-à-dire avec beaucoup de monde et beaucoup d'argent, « c'est un fait singulier! » Ce fait, Collé l'explique d'abord tout naturellement, c'est que « le tableau en est agréable et théâtral ». A la bonne heure. Mais non, Collé se rétracte à son tour, et ce tableau, qui lui semblait agréable et théâtral au bas de la page 130 (t. III), devient au haut de la page 131 « une platitude » dont il n'est pas nécessaire de montrer « tout le vide, la maladresse, l'ineptie, et même la bêtise. » Après quoi, faisant chorus avec Bachaumont, l'auteur méconnu de *l'Isle sonnante* déclare magistralement que « pour traiter ce petit sujet, il ne fallait pas être M. Poinsinet, il fallait connaître le monde, et le grand monde, et comme l'a dit madame la comtesse de Rochefort, *cet auteur n'a vu le monde qu'à la porte.* » Le mot a été répété ailleurs avec une variante : « Ah! monsieur Poinsinet, » aurait dit la comtesse à l'auteur lui-même, « vous aurez écouté aux portes! »

Prenez-y garde, l'épigramme de madame de Rochefort n'était que le correctif d'un compliment : « Vous, chétif Poinsinet », semblait-elle dire, « vous avez peint le monde avec une fidélité surprenante pour un homme qui n'en est pas. » Mais je soupçonne, soit que le mot de madame de Rochefort ait été dit par elle, soit qu'il ait été fabriqué par un spécialiste, qu'on n'en a pas saisi la vraie malice. Le bel air sous l'ancien régime, plus haï pour ses impertinences que pour ses abus, commandait aux gens de qualité de rappeler sans cesse à leur interlocuteur la bassesse de sa naissance. « Ce mot-ci ne vaut rien, percez-nous en d'un autre! » disait je ne sais quel seigneur au spirituel Voiture, que sa charge d'introducteur des ambassadeurs ne relevait pas du péché originel : il était fils d'un marchand de vin! Un homme sans aïeux s'élevait-il au-dessus du vulgaire, devenait-il millionnaire ou ministre, on découvrait qu'il avait été valet dans sa jeunesse, ou bien on lui fabriquait une fausse généalogie de laquais, comme pour le contrôleur-général Dodun.

Il n'y avait pas à se mettre en frais d'imagination pour Poinsinet, dont le père avait été premier huissier du cabinet chez le duc d'Orléans. « Vous avez écouté aux portes », c'était rappeler ingénieusement et méchamment à Poinsinet qu'il était le fils de son père. Les gens du XVIIIe siècle avaient un faible pour ces allusions humiliantes. C'est ainsi que les nobles qui s'étaient donné la peine de naître se vengeaient des vilains qui se permettaient de vivre sans être nés.

N'en déplaise à Bachaumont et à Collé, *le Cercle* est écrit dans le ton du monde de ce temps, tel que nous l'ont conservé les recueils de lettres et les mémoires particuliers. Il n'y avait pas de raison pour que Poinsinet, dont les relations étaient fort étendues, et que nous voyons successivement employé aux affaires personnelles du duc d'Orléans et à ses commandements, aux récréations des Enfants de France, et admis à l'intimité des princes de Condé, possédât moins de science mondaine que le critique d'art Petit de Bachaumont ou que le chansonnier Collé.

Enfin, voulez-vous un témoignage décisif, qui écrase de son poids les prétentions aristocratiques de Bachaumont et de Collé? Je le demande à Grimm, qui cependant n'était pas tendre pour Poinsinet, et qui piétina lourdement, à l'allemande, sur le suaire du pauvre noyé. Pour le moment, il ne s'agit que du *Cercle,* en tant que peinture d'actualité : « C'est un tableau assez frappant des sociétés « de Paris. Le ton de tous ces gens-là n'est pas trop mau- « vais, et c'est le principal mérite des pièces de ce genre. » (*Correspondance*, 15 septembre 1764.) Je m'en tiens à cette citation provisoire et je retrouverai Grimm tout à l'heure pour la suite d'un jugement beaucoup plus large et plus inattendu.

On aurait su quelque gré aux censeurs de Poinsinet de ne pas s'en tenir à des protestations vagues et de signaler ses fautes de conduite ou de langage inacceptables dans la société. Il n'en a été allégué qu'une seule, et c'est Palissot qui l'a proposée, ce même Palissot que Bachaumont traitait d'infâme scélérat digne du cabanon. Le grossier Palissot prétendait qu'un homme qui se permettrait de prendre congé d'une femme du monde en lui disant : « Bon jour, ma belle poulette ! » se ferait jeter à la porte comme un goujat. C'est beaucoup dire. Mais Palissot se trompait, très volontairement, je le suppose. Ce n'est pas un homme, c'est un médecin, qui jette cet adieu, non pas à une dame, mais à une fillette de seize ans, après l'avoir gratifiée d'une consultation pour rire. Il n'y a rien là de choquant, étant donné l'autorité sans limite qu'exerce le médecin des dames sur ses ouailles évaporées.

On se déchaîna, avec une indignation de commande, contre le personnage du poète. On déclara que Poinsinet avilissait les gens de lettres dans la personne de Damon, ne parvenant pas à faire entendre sa tragédie aux caillettes qui lui préfèrent les chansons de l'abbé et les douceurs du *tri*, autrement dit du jeu de l'hombre. Collé louait Duclos d'avoir dit en plein foyer que l'aventure de Damon n'était ni vraie, ni vraisemblable, et que « il ne pouvait y avoir que M. Poinsinet lui seul à qui l'on eût jamais pu faire une réception pareille ! » Beaucoup de bruit pour rien. Le poète Damon ne joue pas un si mauvais personnage ; un instant interdit, « Qu'il est cruel ! » s'écrie-t-il, « d'avoir besoin de certaines gens ! N'importe ! » Il remet son manuscrit dans sa poche et se retire en s'excusant de distraire Ismène et Cidalise de leurs grandes occupations, sacrifiant ainsi ses intérêts au soin de sa dignité. Je ne suis pas sûr qu'à la place de Damon, Duclos et Collé n'eussent pas avalé silencieusement la couleuvre[1].

Quarante ans plus tard, ce même Damon fut l'occasion d'un épisode tragi-comique, dont les détails ont été récemment divulgués[2]. Au mois de novembre 1804, la Comédie fit afficher *le Cercle*, qui, à vrai dire, n'avait jamais quitté le répertoire, Molé ayant conservé jusqu'aux appro-

1. Cousin d'Avallon assure que l'aventure est arrivée à Baron, qui devait lire sa comédie des *Adelphes*, en 1705, dans les salons du duc de Roquelaure, et que Poinsinet s'en est inspiré. *Comediana*, Paris, 1801, p. 45.

2. *La Décade* du 1er décembre 1886. Papiers de feu Mahérault, communiqués par son petit-gendre, le comte Emile de Najac.

ches de sa mort, survenue en 1802, le rôle du colonel, qu'il avait créé. Là-dessus, une grande colère fit bouillonner le sang d'un auteur tragique, qui passait alors pour un homme de génie, et qui n'imaginait guère qu'un pygmée de Poinsinet lui survivrait. C'était Marie-Joseph Chénier. L'auteur de *Charles IX* venait tout à point de porter au Théâtre Français une tragédie intitulée *Cyrus*, comme celle de Damon. Il considéra la reprise du *Cercle* comme une insulte de la part des comédiens; que dis-je? il imagina, par un de ces emportements familiers au *genus irritabile vatum*, que Poinsinet était son ennemi personnel, et ne s'était noyé dans le Guadalquivir que pour éviter le juste châtiment de son outrecuidance. Et il écrivit au commissaire du gouvernement, Mahérault, la lettre suivante, qui mérite d'être conservée à l'histoire littéraire :

Ce vendredi 25 brumaire, an XIII.

Je vois dans les journaux, mon cher ami, la comédie du *Cercle* annoncée pour demain. Dans cette sottise digne de Poinsinet on ne voit pas seulement un colonel faisant de la tapisserie, on y voit encore un poète tragique que l'auteur peint en ridicule; car la manie de ces polissons était d'avilir les lettres de toutes les manières. Ce poète tragique lit une tragédie de *Cyrus*. Dans le moment actuel, il m'est impossible de ne pas voir de la part de quelques comédiens une hostilité beaucoup plus qu'imprudente. Tâchez d'empêcher le scandale pour le moment et pour la suite. On peut bien rester quelques mois sans jouer ce chef-d'œuvre de Poinsinet. Si la pièce est jouée demain, je me regarderai comme attaqué, et je verrai ce que j'aurai à faire.

M.-J. Chénier.

La Comédie ne s'arrêta pas à cette burlesque sommation; *le Cercle* fut joué le lendemain, 26 brumaire (17 novembre 1804), par Fleury, Dazincourt, Mlles Contat et Mars. *Cyrus*, représenté le 8 décembre suivant, tomba tout à plat, et c'est ainsi que David-Poinsinet eut raison de Goliath-Chénier.

Il reste à vider une dernière querelle. *Le Cercle* de

Poinsinet est-il imité, comme on l'a prétendu, d'une pièce de Palissot, intitulée *le Cercle ou les Originaux*, divertissement exécuté sur le nouveau théâtre de Nancy, le jour de la dédicace de la statue de Louis XV, par ordre du roi de Pologne, duc de Lorraine et de Bar, le 25 novembre 1755? Palissot pouvait le croire et surtout le crier bien haut; mais il se trompait. Sa pièce fait défiler devant le spectateur un poète, une femme savante, un financier, un philosophe et un médecin, comme on les verrait dans une « Revue » du théâtre moderne, sans aucun plan déterminé ni liaison scénique. Le plus marquant de ces épisodes est une satire acerbe de Jean-Jacques Rousseau, citoyen de Genève, fort peu déguisé sous le nom de Blaise-Gille Antoine, dit le Cosmopolite. Une seule scène se retrouve dans les deux pièces, celle du médecin des dames, du médecin à la mode, traitée avec plus de gaîté et de finesse par le léger Poinsinet que par le dogmatique et brutal Palissot. L'un et l'autre médicastre parlent d'électricité et de miel aérien, et s'éclipsent pour aller porter le secours de leur art aux belles dames du faubourg Saint-Germain. Mais comment éviter de pareilles ressemblances, qui sont données par la matière même? Supposez que deux médecins, aussi frivoles que ceux-là, s'il en existait de nos jours, fussent traduits à la scène par un Pailleron, un Gondinet ou un Meilhac, ces hommes d'esprit éviteraient-ils de se rencontrer en parlant d'hypnotisme, de suggestion, de bromure ou de salicylate? Ce ne serait qu'aux dépens de l'exacte observation et de la vérité actuelle. Mais que de traits charmants, qui n'appartiennent qu'au seul Poinsinet ! « — L'ABBÉ à Ismène : Vous croyez aux médecins, madame? — ISMÈNE : Comme aux abbés. » L'amoureux Lisidor oppose quelques objections timides à ce docteur qui ne veut pas admettre que l'aimable Lucile se porte bien. « — De grâce, laissez-nous attendre les maux; nous n'aurons que trop tôt recours aux remèdes. — Voilà précisément », réplique le docteur, « ce que pense un peuple de médecins *qui ne son-*

gent qu'à guérir! » Et encore celui-ci, qui fit fureur dans la nouveauté de la pièce; c'est toujours le médecin qui parle : « J'ai vingt santés à consulter. En vérité, quand je songe à toutes mes courses, le sort de mes chevaux me fait pitié. » De la pitié pour ses chevaux et de l'indifférence pour ses malades! Molière n'a pas été plus cruel pour les médecins de son temps. Poinsinet excelle en ces sortes de traits vifs et courts, qui sont comme de l'essence de comédie. Vous n'en trouverez pas l'ombre dans l'œuvre entière de Palissot, qui ne se noya pas dans le Guadalquivir, mais qui devint théophilanthrope. C'est bien pis.

Du reste, Palissot sentait si bien la faiblesse de ses revendications qu'il les appuyait d'arguments étrangers à sa propre cause. Tout est pillé. Il y a dans *l'Eté des coquettes* un maître à chanter, qui chante comme c'est son état, et un abbé qui ne chante pas : où est la ressemblance? Poinsinet a mis dans la bouche de son baron, un vieil officier qui s'est retiré dans ses terres pour les faire valoir, des paroles émues, qui développent la fonction sociale de l'agriculture et du seigneur moderne qui s'en fera l'apôtre : « Entouré des paysans qui le chérissent en père, il les anime « au travail, il les encourage, il les récompense; ces gens- « là ne le louent pas, mais ils le bénissent, et cela vaut « mieux. Il connaît ses prérogatives; il n'y déroge pas, « mais il rougirait d'en abuser; il sçait qu'il commande à « des hommes, et c'est en les rendant heureux qu'il s'as- « sure le droit de l'être lui-même. » Qui ne reconnaîtrait dans ces maximes la substance d'un livre fameux, *l'Ami des hommes*, qui venait de paraître? Palissot ne s'y trompe pas; ce serait bien le cas d'avouer que Poinsinet n'était pas d'une ignorance si crasse qu'on le voulait bien dire et qu'il ne négligeait pas les lectures sérieuses. Au contraire, nouveau grief; pourquoi diantre un faiseur d'opéras-comiques s'avise-t-il de lire les feuilles d'agriculture de M. Dupont de Nemours, collaborateur et partisan du marquis de Mirabeau? Enfin, lorsque Poinsinet sera las d'avoir pillé Palissot, d'avoir pillé Dancourt, d'avoir pillé Boissy, d'avoir pillé les physiocrates et les économistes, il se pillera lui-même. La Lisette du *Cercle*, en ses spirituelles tirades sur la médisance permise aux valets contre leurs maîtres, copie mot pour mot la Lisette de *l'Impatient*. Et c'est justement cette dernière insinuation qui met à nu la mauvaise foi de Palissot. La Lisette de *l'Impatient* parle en vers, celle du *Cercle* en prose, et la translation de l'une à l'autre langue suffirait à renouveler la pensée et l'expression. Et depuis quand un auteur n'aurait-il plus le droit de reprendre, dans une comédie tombée, quelque morceau bien venu, qui peut espérer une meilleure fortune? Du reste, je transcris ici les vers de *l'Impatient* en faveur des curieux; ils pourront comparer :

Mais un maître est-il donc exempt de la satire?
Vieux préjugé, crois-moi! le plus vil artisan
Dans son obscur taudis peut être médisant
Et le plus grand seigneur est souvent sa victime.
Méprisons une loy dont l'abus nous opprime.
Si nous sommes réduits à ramper, à servir,
Nous est-il défendu d'oser nous divertir?
Un maitre parle, on sert, mais aussi sans scrupules,
Nous pouvons nous moquer de tous ses ridicules;
S'il est lent être vifs, s'il est vif être lents;
Caustiques s'il est fier, s'il gronde impertinents.
L'esprit de notre etat est celui de critique;
On est craint, mais jamais aimé d'un domestique,
Et tel se croit partout loué dans ce qu'il fait
Qui lui-même est chez lui joué par son valet.

En revanche, je ne cacherai pas aux amateurs qui pourraient, par aventure, porter quelque intérêt à ce petit débat, que Poinsinet a quelquefois butiné, comme l'abeille, sur des fleurs indigènes ou même étrangères. Cela suffit au besoin pour montrer qu'il était homme de lecture, et de bonnes lectures. Est-ce donc à un conte de Mme de Sévigné sur la mort de Turenne, n'est-ce pas plutôt à Swift qu'il emprunte la plaisante oraison funèbre du comte d'Origny par madame Araminte, absorbée dans les péripétics de son tri : « Je jouerai sans prendre... Cela est « cruel, marquis... Le coup est assez beau... Sa pauvre « veuve !... C'est en cœur, Mesdames. » Il parait que Swift, l'auteur de *Gulliver,* avait décrit, de son vivant, l'effet que produirait la nouvelle de son trépas parmi les belles dames, ses admiratrices. « Ah ! mon Dieu ! » s'écriera l'une d'elles, « le pauvre Swift est mort... Carreau... c'était un « homme d'esprit... Trèfle... Il était un peu malin. La « vole. » Qui gronderait Poinsinet d'une pareille conquête sur l'Angleterre ? C'est de bonne prise.

On s'étonnera qu'une si petite comédie fournisse la matière d'une si longue étude ; mais on la grossirait aisément aux dimensions d'un volume en réunissant les diatribes des ennemis de Poinsinet, sans cesse ranimées par le succès inextinguible de sa pièce. *Le Cercle* est demeuré au répertoire de la Comédie Française pendant soixante-seize années consécutives ; il fut joué pour la dernière fois le 18 février 1840, par MM. Menjaud, Perier, Maillart, Monrose, Régnier, Mirecour, Mmes Mars, Rabut-Fechter, Noblet, Dupont et Doze. Mademoiselle Mars, que nous avons déjà trouvée en possession du rôle d'Araminte en novembre 1804, l'a donc gardé pendant trente-six années consécutives, aussi applaudie, aussi fêtée à son couchant qu'à son aurore. Elle fut cependant distancée par Molé, qui garda pendant trente-huit ans, de 1764 à 1802, le rôle du colonel.

Quelque opinion qu'on se forme de la personne et des mérites de Poinsinet, il faut accepter celle du public sur une pièce que de pareils artistes ne se sont pas lassés de jouer, que trois générations ne se sont pas lassées d'applaudir.

L'année dernière, j'admirais l'exacte reproduction d'un cercle parisien dans *le Club* de MM. Edmond Gondinet et Félix Cohen, et je me disais que nos petits-enfants y trouveraient un tableau fidèle d'un coin de la vie parisienne vers la fin du dix-neuvième siècle.

Le souvenir du *Cercle* de Poinsinet, que je venais de

relire par hasard dans la solitude bruyante d'une plage normande, me revint aussitôt, et je souhaitai de revoir un salon de Paris sous Louis XV, meublé, peuplé et costumé avec la richesse élégante et le goût artistique qui conviennent à la Comédie Française.

Ce fut comme dans le conte des *Souhaits*. A peine avais-je pensé tout haut que j'étais exaucé : j'apprenais que M. Jules Claretie, en assumant l'administration de la Comédie Française, s'était dressé pour lui-même un canon de pièces anciennes dont la reprise lui paraissait nécessaire pour remplir les lacunes du riche musée confié à sa garde, et que *le Cercle* y était inscrit en première ligne.

— Je ne vois pas bien, me disait hier un ami, quel besoin se fait sentir d'exhiber cette vieillerie ; voilà un engouement bien étrange, et convenez avec moi que si les contemporains de Poinsinet, le mystifié, revenaient au monde, ce ne serait plus de lui qu'ils riraient, mais de vous.

— N'en faites pas le pari, ai-je répliqué, car vous avez perdu d'avance ; c'est précisément un des contemporains de Poinsinet, un de ses plus dédaigneux contempteurs que j'évoque pour vous répondre, et que je fais sortir de sa tombe. C'est à Grimm que je rends la parole. Écoutez et avouez-vous vaincu.

« Supposez », écrivait Grimm le 15 septembre 1764, huit jours après la première représentation du *Cercle*, « supposez que, suivant le dessein de M. Poinsinet, sa « petite comédie aille à la postérité, qu'elle (la postérité) « soit en état de l'entendre parfaitement, ce qui n'est « pas aisé lorsque le sel et la finesse consistent dans le « ton, on peut croire qu'elle s'enquerra avec quelque « curiosité si ces mœurs ont été réellement les mœurs « d'une grande et illustre nation, puisqu'enfin toutes « les comédies du temps l'ont ainsi représentée ; si les « femmes en général, aux intrigues et à la galanterie « près, passent leur vie dans ce désœuvrement, dans cet

« abandon de tout sentiment quelconque, comme Ara-
« minte, Cidalise ou Ismène; si enfin la jeunesse distin-
« guée par la naissance, et par les autres avantages de la
« fortune ressemblait, par son oisiveté, son ignorance et
« sa dégradation, à ce jeune marquis ou à ce Lisidor em-
« pesé et pédant, dont l'auteur a compté faire l'homme
« estimable de sa pièce, ou enfin à cet abbé mignon de
« M. Poinsinet. Il faut espérer que les curieux d'alors
« pourront se répondre que ces mœurs ont été en effet
« celles d'une génération aussi courte que frivole, dont
« les travers ont été réparés par des siècles de vertus;
« car si de telles mœurs eussent duré plusieurs générations
« de suite, l'histoire apprendrait sans doute en même
« temps aux curieux des siècles à venir les funestes in-
« fluences que leur durée aurait eues sur la gloire et la
« splendeur d'une telle nation. »

Grimm vécut assez vieux pour s'étonner lui-même de la sombre prédiction qu'il formulait, sans autre guide que son instinct de critique littéraire, vingt-cinq ans avant la révolution de 1789, trente ans avant le règne et la chute de la Terreur. N'admirez-vous pas qu'il ait écrit ces lignes saisissantes à propos de l'œuvre, plus légère que la plume au vent, d'un auteur qu'il donnait à ses nobles correspondants d'Allemagne pour « une espèce d'imbécile », et qu'en prévoyant, peut-être par ironie, que l'un et l'autre iraient à la postérité, il ait été prophète?

NOTICE BIBLIOGRAPHIQUE

Le Cercle est devenu très rare en librairie, et l'on n'en réunirait pas aisément une demi-douzaine d'exemplaires. M. Paul Ollendorff a eu l'heureuse idée de le réimprimer, et m'a chargé du soin de cette nouvelle édition *cum commento*. J'en ai collationné le texte sur le manuscrit original qui se trouve dans les archives de la Comédie Française et que M. Jules Claretie a bien voulu m'autoriser à consulter, et en même temps sur l'édition *princeps*, que je décris ci-après (Paris, Duchesne, 1764).

Cette édition est généralement conforme au manuscrit, c'est-à-dire que les corrections autographes de Poinsinet y sont fidèlement reportées. Mais le manuscrit a subi des coupures, dont l'imprimé ne tient pas toujours compte. J'en ai inféré que plusieurs de ces suppressions étaient postérieures aux premières représentations de la pièce, et, en conséquence, j'ai laissé subsister plusieurs passages de l'imprimé, coupés dans le manuscrit, mais qui ont dû être dits en scène, de manière à donner autant que possible le texte de la pièce telle qu'elle fut représentée le 7 septembre 1764.

J'ai scrupuleusement suivi l'orthographe de l'édition *princeps ;* elle a le mérite d'être homogène ; les imparfaits conservent l'*o* traditionnel, et l'accent grave sur les *è* n'y est employé nulle part. L'orthographe moderne, dite de Voltaire, apparaît au contraire mélangée avec l'ancienne dans les éditions subséquentes; la révolution est complète à partir de 1770. Ce « fait de langue » mérite d'être noté.

Les éditions du *Cercle* ont été très nombreuses dans le cours de cent vingt-trois ans. Je me borne à décrire ici les plus anciennes, imprimées pendant les dix années comprises entre la représentation de la pièce et la mort de Louis XV (1764-1774).

1. *Le Cercle ou la Soirée à la mode,* comédie épisodique en un acte en prose, par M. Poinsinet, de l'Académie des Arcades de Rome, représentée pour la première fois par les Comédiens Français ordinaires du roi, le 7 septembre 1764.. *Amavit risus, nunc mores pingere tentat.*

Fleuron (rose et feuillages).

A Paris, chez Duchesne, libraire, rue Saint-Jacques, au-dessous de la Fontaine Saint-Benoit, au Temple du Goût.

M.DCC.LXIV.

Avec Approbation et Privilege du roi. Epître dédicatoire à Papillon de la Ferté.

51 p. in-8. Après le mot FIN, on trouve les paroles d'un vaudeville, composé de trois quatrains, dont le premier est seul imprimé dans le courant de la pièce à la page 32.

C'est l'édition originale.

Manque à la Bibliothèque Nationale.

2. Autre (*Bibl. Nat.* Y Th. 2931-4.) 1764. Le prix est de 24 sols avec la Musique. Musique grossièrement gravée à la p. 70. La distribution des rôles est indiquée en face du nom des personnages.

3. Autre. Besançon, chez Fantet, libraire, 1765. *Avec permission.* 40 pp. 84 8°.

4. Autre (*B. N.* Y Th. 2935). Même titre. P. 70, vaudeville, musique élégamment gravée. Vve Duchesne, 1770.

5. (*B. N.* Y Th. 2937.) Autre titre en caractères de fantaisie. — Distribution. Pas d'épître dédicatoire. Vve Duchesne, 1771. P. 48, vaudeville sans musique.

6. (*B. N.* Y Th. 2938.) Nouveau titre. — Le prix est de douze sols. Pas de distribution, pas d'épître. Vve Duchesne,

1773. P. 42, vaudeville, pas de musique. P. 44. On trouve à Toulon, chez J.-L. Mollard, imprimeur libraire, place Saint-Pierre, un assortiment de pièces de théâtre imprimées dans le même goût. Gr. in-8°. 1773.

AUGUSTE VITU.

www.ingramcontent.com/pod-product-compliance
Ingram Content Group UK Ltd.
Pitfield, Milton Keynes, MK11 3LW, UK
UKHW021529260726
13993UKWH00004B/1891